Herausgegeben 2010 von Bokförlaget Semic

Originaltitel Betong en gjuten Hobby

Übersetzung: Vera Ustinov, Münster, www.ustinov-translations.de

Text: Sania Hedengren, Susanna Zacke

Fotos: Anna Skoog

Redaktion: Eva Falk

Gestaltung : Marianne Lillier

Titelgestaltung: Monika Wagenhäuser, LV·Buch

ISBN 978-3-7843-5230-5

LV·Buch Wir lieben das Landleben.

Lust auf Beton

Sania Hedengren & Susanna Zacke
Fotos von Anna Skoog

Beton – ein tolles Material!

Lassen Sie sich anstecken von der Lust auf Beton: Hier finden Sie jede Menge Ideen für das kreative Schaffen mit diesem wunderbar vielseitigen Material. Es macht einen Riesenspaß und geht dabei ganz leicht. Ob kunstvolle Deko oder unverwechselbare Möbel – beides bekommen Sie an nur einem Tag hin.

Dafür mischen Sie Trockenbeton mit Wasser und füllen die Betonmischung in verschiedene Formen. Nach dem Trocknen lösen Sie den Beton aus der Form – und fertig ist Ihr Objekt. Fangen Sie ruhig mit etwas ganz Einfachem an. Gießen Sie z.B Beton in einen Plastikbecher und stellen Sie ein Teelicht hinein. Aber Vorsicht: Wenn Sie erst auf den Geschmack gekommen sind, können Sie vielleicht wie wir nicht mehr davon lassen.

Das Wichtigste sind geeignete Gussformen, wie z.B. Plastikbecher, Schüsseln, Eimer oder alte Plastikverpackungen. So wird eine abgeschnittene PET-Flasche zum originellen Kerzenständer oder ein umgedrehter WC-Bürstenhalter zum lustigen Bonbonschälchen. Ihrer Phantasie sind keine Grenzen gesetzt.

In diesem Buch stellen wir Ihnen rund 30 witzige, praktische oder einfach nur schöne Beton-Projekte für alle Lebenslagen vor. Dabei erwies sich das Material Beton als so vielseitig, dass wir von einer ursprünglich geplanten Einteilung in Kapitel Abstand nahmen.

Das Ergebnis ist eine kunterbunte Mischung – von kleinen Deko-Figuren aus Eiswürfelformen über edle Schalen für draußen und drinnen bis hin zu einem selbst gegossenen Grilltisch mit großzügiger Arbeitsfläche.

Lassen Sie sich von der Vielfalt der Möglichkeiten inspirieren. Wir würden uns freuen, wenn auch Sie Lust auf Beton bekommen haben und wünschen
GUTES GELINGEN!

Sania und Susanna

Gut zu wissen

WAS IST BETON?

Beton setzt sich zusammen aus 80 Prozent Sand und anderen Zuschlägen, der sogenannten Gesteinskörnung, 14 Prozent Zement, der aus erhitztem und gemahlenem Kalkstein besteht, und 6 Prozent Wasser. Damit ist Beton ein umweltfreundlicher, vielseitiger und robuster Werkstoff.

Beton, der heute zu den wichtigsten Baustoffen überhaupt gehört, blickt auf eine sehr lange Geschichte zurück. So stehen mancherorts noch heute Amphitheater, Brücken und Häuser aus Beton, die bereits vor vielen Jahrhunderten errichtet wurden.

Der Trockenbeton, den wir für die Projekte in diesem Buch benutzt haben, enthält Gesteinskörnung mit einem Größtkorn von höchstens 4 mm und bekommt damit eine relativ glatte Oberfläche. Noch feinkörniger und damit glatter ist Reparaturmörtel. Im Baumarkt finden Sie verschiedene Fertigmischungen mit entsprechenden Eigenschaften.

FORMEN

Bei der Gussform ist Ihre Phantasie gefragt: Sie entscheidet über das Endergebnis und ist damit das wichtigste Glied in der Kette. Plastik eignet sich gut, denn es ist elastisch, hat glatte Flächen und löst sich gut vom Beton. Aber auch viele andere Materialien wie dicke Pappe, Holz oder Metall sind möglich. Durch Einpinseln der Innenseite mit normalem Speiseöl lässt sich das fertige Objekt besser herausnehmen.

Eimer, Sandförmchen, Plastikschüsseln, PET-Flaschen und alte Verpackungen kosten nicht viel oder gar nichts und eignen sich hervorragend als Formen für Blumentöpfe, Vogeltränken, Kerzenständer und vieles mehr. Bei Ikea gibt es witzige Eiswürfelformen, mit denen das Gießen kleiner Figürchen das reinste Kinderspiel ist.

Tisch- oder Regalplatten können Sie in selbst gebauten Formen aus Spanplatten und Leisten gießen. Ein wahres Eldorado für preisgünstige und witzige Formen sind auch Flohmärkte und Secondhand-Läden. Manchmal müssen Sie die Form aufschneiden, um das Objekt zu entnehmen. Dann eignet sich vielleicht am besten eine alte Plastikverpackung, die Sie sowieso weggeworfen hätten.

VERSTÄRKEN

Größere Beton-Objekte, wie z. B Tischplatten, müssen Sie mit einer sogenannten Bewehrung verstärken. Neben mehr Stabilität verleiht die Bewehrung dem Beton auch eine höhere Frostbeständigkeit. Geeignet sind Bewehrungsstäbe oder -netz, Geflügelnetz oder Putzgitter. Wir haben die beiden letztgenannten Alternativen benutzt, da sie flexibel sind und sich gut mit einer Zange zuschneiden lassen.

Zum Verstärken schneiden Sie ein Stück Netz in der passenden Größe zu. Danach drücken Sie es in den feuchten Beton und füllen ggf. etwas Beton auf, damit das Netz an Ort und Stelle bleibt. Das ist viel einfacher, als es sich vielleicht liest, und wird in den Anleitungen noch einmal genauer erklärt.

VERZIEREN

Sie können Ihre Objekte mit praktisch allem verzieren, was Ihnen gefällt. So wird ein Blumentopf mit kleinen Mosaiken, die Sie in den feuchten Beton drücken, zu einem echten Unikat.

Ein tolles Material für eigene Mosaiken ist zerschlagenes Porzellan. Vielleicht findet sich ja zuhause die eine oder andere ausrangierte Tasse, oder Sie werden für ein paar Cent auf dem Flohmarkt fündig. Im Fliesenhandel werden manchmal auch Mosaikfliesen oder Ausschussware günstig angeboten.

Schöne Steine oder Schneckenhäuser bieten sich ebenfalls als Deko an. Oder Sie gestalten Ihr Objekt mit

Details aus Beton: Kleine Blätter machen sich z. B. an einem Vogelbad oder Blumentopf ausgesprochen gut.

Auch die in einer Eiswürfelform gegossene Figur kann das Tüpfelchen auf dem i sein. Eine weitere Gestaltungsmöglichkeit sind Reliefmuster, für die Sie gehäkelte Topflappen oder Deckenrosetten aus Styropor in den Beton drücken. Mehr dazu finden Sie weiter hinten in diesem Buch. Und schließlich können Sie Ihren Objekten auch mit Pinsel und Farbe das gewisse Etwas verleihen.

„Wir haben ein Faible für gehäkelte Topflappen mit schönen Mustern. Man kann sie auf Flohmärkten günstig kaufen und sogar zum Gießen von Beton-Objekten benutzen. Und für tolle Reliefabdrücke haben wir schon so manchen geopfert."

TROCKNEN

Beim Trocknen härtet der Beton aus; er wird fest. Wie lange das dauert, hängt von der Dicke und Größe des Objekts ab. Rechnen Sie aber mit mindestens einem, ggf. auch mit zwei Tagen Ruhezeit.

Decken Sie Ihr Objekt beim Trocknen am besten mit einer Plastiktüte, Plane oder Plastikfolie ab. Stellen Sie es dafür an einen schattigen und kühlen Ort. Wenn Sie das Objekt während des Trocknens ab und zu mit einer Blumenspritze besprengen, härtet der Beton langsamer aus.

Dies kann eine harte Geduldsprobe sein – auch wir sind immer gespannt wie ein Flitzebogen. Aber ein zu frühes Entfernen der Form kann Ihr Werk zerstören. Halten Sie also immer mindestens einen Tag durch.

Das Trocknen des Betons stellt auch unsere Geduld mitunter auf eine harte Probe.

Beton mischen

Der erste Schritt zum Gießen von Beton-Objekten ist natürlich das Mischen des Betons. Dafür rühren Sie einfach Ihren Trockenbeton mit Wasser an.

Nachfolgend ist beschrieben, welche Materialien und Werkzeuge Sie brauchen und wie es gemacht wird. Diese Beschreibung gilt für alle Projekte in diesem Buch.

WAS SIE BRAUCHEN

- Trockenbeton (Größtkorn 4 mm) in Säcken à 25 kg, erhältlich im Baumarkt.
- 1–2 normale Plastikeimer zum Anmischen.
- Wasser
- Spaten oder Maurerkelle zum Rühren. Leichter lässt sich dieser Schritt mit einem Quirlaufsatz für die Bohrmaschine bewerkstelligen, den es ebenfalls im Baumarkt gibt. Wer große Mengen mischen möchte, findet dort auch Betonmischer, die ab etwa 250 EUR erhältlich sind.
- Handschuhe. Arbeiten Sie mit Handschuhen – auf der Haut wirkt die Betonmischung stark ätzend und austrocknend.
- Mundschutz. Arbeiten Sie mit Mundschutz, damit Sie den Betonstaub nicht einatmen.

EIN TIPP VORAB:

„Machen Sie alle Formen komplett einsatzbereit, bevor Sie den Beton mischen."

Gießen Sie zuerst etwas Wasser in den Eimer und geben Sie dann den Trockenbeton hinzu (Mischungsverhältnis gemäß Verpackung). Kleine Mengen lassen sich auch gut „nach Gefühl" mischen. Das Gemisch muss sehr gründlich verrührt werden. Wenn Sie einen ganzen Eimer mischen, ist ein Quirlaufsatz sehr zu empfehlen. Die Mischung hat die richtige Konsistenz, wenn sie sich wie dicker Brei anfühlt. Wenn das geschafft ist, kann es auch schon ans Gießen gehen.

Da die benötigten Mengen sehr stark von der Größe der Form abhängen, lassen sich keine ganz genauen Angaben machen. Ein Eimer angemischter Beton reicht aber in etwa für zwei mittelgroße Blumentöpfe.

Mischen Sie den Beton nach Bedarf und Eimer für Eimer an, damit die fertige Mischung nicht zu lange steht und fest wird. Reinigen Sie Eimer und Werkzeuge unmittelbar nach der Arbeit – ist der Beton erst ausgehärtet, lässt er sich kaum mehr entfernen. Gießkanne oder Gartenschlauch sind hier nützliche Helfer.

Der Trockenbeton wird in einem Eimer o. ä. mit Wasser gemischt.

Das Mischen per Hand ist anstrengender als mit einem Quirlaufsatz für die Bohrmaschine, funktioniert aber genauso gut.

Am einfachsten ist das Hantieren mit Beton sicher im Garten, denn ganz ohne Dreck und Spritzer läuft es selten ab. Aber auch auf dem Balkon können Sie Ihren Schaffensdrang ausleben. Der feuchte Beton verträgt keinen Frost, daher ist es im Winter draußen zu kalt. Ausgerechnet jetzt würden Sie aber gerne noch einen Adventskerzenhalter gießen? Kein Problem – das geht auch drinnen. Achten Sie dann nur darauf, Tisch und Boden gut abzudecken und den Trockenbeton vorsichtig auszuschütten, damit es nicht allzu sehr staubt. Und suchen Sie sich am besten ein kleineres Projekt aus.

JETZT GEHT´S ABER LOS!

Obstschale AUS EINEM RHABARBERBLATT

Immer wieder schön: Dieser echte Klassiker, für den Sie als Erstes ein großes, gesundes und schönes Rhabarberblatt brauchen.

- In einer Wanne oder Schubkarre aus Erde oder Sand einen kleinen Hügel formen und das Rhabarberblatt mit der Unterseite nach oben darauf legen.
- Den Beton gemäß der Anleitung auf Seite 12 anmischen.
- Den angemischten Beton auf das Blatt geben.
- Den Beton so verteilen, dass das ganze Blatt bedeckt ist. Auf einen gleichmäßigen Rand achten.
- In der Mitte platt drücken, damit die Schale sicher steht.
- An einer schattigen Stelle mindestens 24 Stunden trocknen lassen.
- Für ein besonders schönes Ergebnis den Beton dabei ab und zu mit Wasser besprengen.
- Das Blatt vorsichtig abziehen.
- Geschafft: Eine tolle Schale für draußen und drinnen.

Einen kleinen Hügel formen und das Blatt mit der Unterseite nach oben darauf legen.

Den Beton gleichmäßig auf dem ganzen Blatt verteilen. Die Ränder sorgfältig glätten.

*Die Schale mit Blatt-
muster macht im Garten
und auf dem Esstisch
eine gute Figur.*

Kinderleichte Deko-Figuren

Diese Figuren sind so leicht gemacht – da können auch Kinder prima mithelfen! Sie brauchen eine Eiswürfelform, die es z. B. bei Ikea in allen möglichen witzigen Variationen gibt. Sie fragen sich, wozu man solche Betonfigürchen braucht? Gut, wirklich dringend braucht man sie vielleicht nicht. Aber als originelles Mitbringsel können die süßen Vogelkinder bestimmt jemandem eine Freude machen.

- Die Form von innen mit Speiseöl einpinseln.
- Den Beton gemäß der Anleitung auf Seite 12 anmischen.
- Den Beton in die Form füllen.
- Mit der Form mehrmals vorsichtig auf den Boden klopfen, um den Beton zu verdichten.
- Mindestens 24 Stunden trocknen lassen. Nicht in die Sonne stellen.
- Für ein besonders schönes Ergebnis den Beton dabei ab und zu mit Wasser besprengen.
- Die Figuren vorsichtig aus der Form lösen.
- Für alle Vogelkinder ein schönes Plätzchen finden.

Eiswürfelform mit Betonfüllung, die jetzt 24 Stunden trocknen muss.

Hier bevölkert die Kükenschar dekorativ das Fensterbrett.

Und auch als Serviettenhalter macht sich das kleine Vögelchen gut.

Tischdeko AUS SANDFÖRMCHEN

So eine Schildkröte aus Beton ist ausgefallene Tischdeko und effektiver Serviettenhalter in einem. Und in den Sandförmchen der Kinder ruckzuck gegossen.

- Die Form von innen mit Speiseöl einpinseln.
- Als Verzierung eine Glasperle oder einen Stein auf den Boden der Form legen.
- Den Beton gemäß der Anleitung auf Seite 12 anmischen.
- Den Beton in die Form füllen.
- Mit der Form leicht auf den Tisch oder Boden klopfen, um den Beton zu verdichten.
- An einer schattigen Stelle mindestens 24 Stunden trocknen lassen.
- Für ein besonders schönes Ergebnis den Beton ab und zu mit Wasser besprengen.
- Die Figur aus der Form lösen.

Den Stein oder die Perle auf den Boden legen und dann den Beton einfüllen.

Unsere kleine Schildkröte bei der Arbeit.

Tischplatte MIT EINGEGOSSENER FLIESE

Aus Beton können Sie sogar Möbel bauen. Leicht zu gießen ist z. B. eine Tischplatte, an der Sie dann ein Gestell oder Tischbeine anbringen. Dafür bauen Sie zuerst eine Form, in die Sie den Beton gießen und zur Verstärkung ein Stück Geflügelnetz einlegen. Die eingegossene Fliese macht den Tisch zu einem echten Blickfang.

- Für die Form brauchen Sie eine Spanplatte und Leisten aus dem Baumarkt.
- Die Leisten zuschneiden und verschrauben.
- Das Leistengestell an die Spanplatte schrauben.
- Das Geflügelnetz passend zur Form zuschneiden.
- Den Beton gemäß der Anleitung auf Seite 12 anmischen.
- Eine Fliese umgedreht in die Form legen.
- Den Beton in die Form füllen.
- Das Putzgitter/Geflügelnetz in den Beton drücken.
- Mit der gefüllten Form mehrmals vorsichtig auf den Boden klopfen, um den Beton zu verdichten.
- Die Betonplatte an einer schattigen Stelle mindestens 24 Stunden trocknen lassen.
- Den Beton dabei ab und zu mit Wasser besprengen.
- Die fertige Platte vorsichtig aus der Form lösen.
- Ein Gestell oder Tischbeine an der Platte anbringen – und fertig ist Ihr ganz persönlicher Gartentisch.

Attraktive Verbindung: Rauer Beton in Grau umschließt die schön gemusterte Fliese.

„Wir mögen es, wenn ein Garten in verschiedene Themenbereiche aufgeteilt ist – wobei Beton wirklich zu jedem Gartenthema passt. Sei es der Grilltisch in der Grillecke, der Gartentisch in der Laube, die Betonplatten im Nutzgarten, die Stufe zum Gewächshaus oder die Blumentöpfe in der Pflanzecke: Ihrer Phantasie sind keine Grenzen gesetzt."

Aus einer Spanplatte und einfachen Leisten gebaute Gussform für zwei Platten. Dazu die Leisten auf das gewünschte Maß zuschneiden und auf die Spanplatte schrauben.

Eine Fliese mit der Rückseite nach oben in die Form legen.

Den Beton in die Form gießen und das Geflügelnetz in den feuchten Beton drücken.

Nehmen Sie Platz und genießen Sie nach getaner Arbeit Ihre wohlverdiente Kaffeepause.

hej

Hej

Mit einem nett beschrifteten Schild heißen Sie liebe Mitmenschen schon vor der Eingangstür herzlich willkommen. Holzbuchstaben in großer Auswahl gibt es bei Panduro.

Bauen Sie aus einer Spanplatte und Leisten eine Form und legen Sie die Buchstaben spiegelverkehrt hinein. Eingelegtes Geflügelnetz macht das Schild besonders stabil, aber wenn es nicht zu groß ist und nicht belastet wird, können Sie darauf verzichten.

„Wo gehobelt wird, fallen Späne – und passieren Fehler. Der Beton wird vielleicht rissig, wirft Blasen, löst sich nicht aus der Form … Das alles haben auch wir schon erlebt: Lassen Sie sich also auf keinen Fall entmutigen!"

- Für die Form brauchen Sie eine Spanplatte und einfache Leisten aus dem Baumarkt.
- Die Leisten zuschneiden und in der gewünschten Form zusammenschrauben.
- Die Leisten an der Spanplatte festschrauben.
- Die Buchstaben spiegelverkehrt auf die Spanplatte legen und festnageln.
- Das Geflügelnetz passend zur Form zuschneiden.
- Den Beton gemäß der Anleitung auf Seite 12 anmischen.
- Den Beton in die Form füllen.
- Das Geflügelnetz in den Beton drücken.
- Mit der Form mehrmals vorsichtig auf den Boden klopfen, um den Beton zu verdichten.
- An einer schattigen Stelle mindestens 24 Stunden trocknen lassen.
- Für ein besonders schönes Ergebnis den Beton während des Trocknens ab und zu mit Wasser besprengen.
- Das Schild vorsichtig aus der Form lösen.
- Drinnen oder draußen aufstellen – fertig!

Aus Spanplatte und Leisten eine Form bauen. Die Buchstaben von Panduro hinterlassen die gewünschte Reliefschrift.

Die Buchstaben spiegelverkehrt in die Form legen und festnageln.

Die Form mit Beton auffüllen.

Porzellanteller IM BETONMANTEL

Auf dem Flohmarkt fanden wir einen hübschen alten Porzellanteller, den wir in Gedanken prompt in irgendein Beton-Projekt integrierten. Nun steht der einbetonierte Blümchenteller draußen im Garten und sieht noch mal so schön aus, wie wir finden.

- Als Außenform diente hier eine abgerundete Plastikschüssel.
- Zuerst die Schüssel von innen mit Speiseöl einpinseln.
- Dann den Beton gemäß der Anleitung auf Seite 12 anmischen.
- Die Schüssel mit Beton füllen, dabei aber noch Platz für den Teller lassen.
- Den Teller in den feuchten Beton drücken.
- Mit ein paar größeren Steinen beschweren.
- An einer schattigen Stelle mindestens 24 Stunden trocknen lassen.
- Den Beton während des Trocknens ab und zu mit Wasser besprengen.
- Die Steine herunternehmen und den Beton aus der Schüssel lösen.
- Fertig ist ein wunderhübsches Deko-Objekt oder Vogelbad.

Schöner alter Blümchenteller vom Flohmarkt.

Während der Beton in der Plastikschüssel trocknet, halten ein paar Steine den Teller an Ort und Stelle.

Zart geblümtes Porzellan kontrastiert wirkungsvoll mit dem rauen Beton.

„Flohmärkte sind das reinste Eldorado für Schatzsucher wie uns. Manch ein Fund ist perfekt so wie er ist, andere müssen erst gewaschen, gestrichen, umgebaut oder verbastelt werden. Beides macht einen Riesenspaß!"

Schale mit Profil

Ein Häkeldeckchen verlieh dieser außergewöhnlichen Schale das Muster, eine große Plastikschüssel die Form. Auf Flohmärkten und in Secondhand-Läden sind solche Deckchen für kleines Geld zu haben – am besten direkt auf Vorrat kaufen!

- Die Plastikschüssel umdrehen und das Häkeldeckchen darauf legen.
- Die Fläche (Schüssel und Deckchen) mit Speiseöl einpinseln.
- Den Beton gemäß der Anleitung auf Seite 12 anmischen.
- Den Beton auf die Schüssel geben und in einer ca. 1-2 cm dicken Schicht gleichmäßig über die gesamte Fläche verstreichen.
- Die Schale an einer schattigen Stelle mindestens 24 Stunden trocknen lassen.
- Für ein besonders schönes Ergebnis den Beton dabei ab und zu mit Wasser besprengen.
- Den Beton vorsichtig von der Schüssel lösen und das Deckchen abziehen.
- Fertig ist die Schale!

Die Plastikschüssel umdrehen und das Deckchen darauf legen. Dieses schenkt der Schale ihr filigranes Muster.

Schüsselboden und Deckchen ca. 1–2 cm dick mit Beton bestreichen.

Obst, Gemüse, Knabbereien – hier ist alles hübsch angerichtet.

Regalboden FÜR DIE KÜCHE

Gerade in der Küche sind Wandregale eine praktische Sache. Hier zeigen wir eine Variante aus Beton, bei der die Regalböden mithilfe einer Glasscheibe fast spiegelglatt geworden sind. Wer keine Glasscheibe kaufen möchte, kann natürlich auf dieses Moment verzichten. Aber vielleicht haben Sie ja Lust, es einmal auszuprobieren.

- Für die Form brauchen Sie eine Spanplatte und Leisten (Baumarkt).
- Die Leisten zuschneiden und in der gewünschten Form zusammenschrauben.
- Die Leisten an der Spanplatte festschrauben.
- Beim Glaser eine Scheibe mit dem Innenmaß der Form bestellen.
- Die Glasscheibe in die Form legen.
- Die Glasscheibe sorgfältig mit Speiseöl einpinseln.
- Das Geflügelnetz passend zur Form zuschneiden.
- Den Beton gemäß der Anleitung auf Seite 12 anmischen.
- Den Beton auf die Glasscheibe in der Form geben.
- Das Geflügelnetz in den feuchten Beton drücken.
- Mit der gefüllten Form mehrmals vorsichtig auf den Boden klopfen, um den Beton zu verdichten.
- An einer schattigen Stelle mindestens 24 Stunden trocknen lassen.
- Den Beton dabei ab und zu mit Wasser besprengen.
- Den Regalboden vorsichtig aus der Form und von der Glasscheibe lösen.
- Jetzt können Sie den fertigen Regalboden auf Wandkonsolen legen.

Die Glasscheibe in der Form macht eine besonders glatte Fläche.

Auf die Glasscheibe in der Form gefüllter Beton. Hier entstehen zwei Regalböden nebeneinander.

Fertiger Regalboden auf Wandkonsolen.

Die Glasscheibe macht die Oberfläche besonders eben und glatt.

Schmuckstück AUS BETON

Mit Modelliermasse und einer Miniportion Beton ist ein unverwechselbares Schmuckstück im Handumdrehen selbst gemacht. Hierfür empfehlen wir eine noch feinere Korngröße als beim Trockenbeton (z. B. Feinmörtel). Die Form gestalten Sie ganz nach Wunsch aus Modelliermasse. Ein hübsches Band vollendet Ihr Werk.

- Die Form gestalten Sie mit handelsüblicher Modelliermasse aus dem Bastel- oder Spielwarengeschäft.
- Mit einem Pinselstiel o. ä. ein Muster in die Modelliermasse drücken, z. B. wie hier eine Blume.
- Für das Band an der gewünschten Stelle einen Zahnstocher hineinstecken.
- Den Beton gemäß der Anleitung auf Seite 12 anmischen.
- Den Beton in die Form füllen.
- Den Anhänger mindestens 24 Stunden trocknen lassen. Nicht in die Sonne legen.
- Den Beton während des Trocknens ab und zu mit Wasser besprengen.
- Den Anhänger vorsichtig aus der Form lösen und einen Draht durch das Loch ziehen. Zu einer Öse legen und ein Band, eine Kette oder eine Lederschnur einziehen.

Drücken Sie mit einem abgerundeten Pinselstiel o. ä. ein Muster in die Modelliermasse (Bastel- oder Spielwarenhandel). In unserem Beispiel entstand auf diese Weise eine Blume.

Als Platzhalter für ein Loch an der gewünschten Stelle einen Zahnstocher hineinstecken. Den Beton einfüllen.

Schmückendes Beiwerk aus einer Miniportion Beton.

Ob auf dem Gartentisch, in der Pflanzecke oder zum Nachreifen von Tomaten in der Küche: Diese flache Schale ist drinnen und draußen gleichermaßen praktisch und schön.

FLACHE SCHALE, *filigran* GEMUSTERT

Auch diese Schale verdankt ihr filigranes Muster einem Häkeldeckchen, das wir eigens zu diesem Zweck zerschnitten. Zwei preisgünstige Alu-Servierplatten aus dem Supermarkt, dazwischen der Beton – so einfach kann es sein!

- Eine Platte umdrehen und auf der Unterseite gut mit Speiseöl einpinseln.
- Das Deckchen in passende Stücke schneiden.
- Die Stücke auf die Platte legen und ebenfalls einölen.
- Den Beton gemäß der Anleitung auf Seite 12 anmischen.
- Die Form vollständig mit Beton bestreichen. Die zweite Platte umdrehen und auf die erste legen. So werden die Flächen innen und außen schön glatt.
- Mit Gewichten fixieren. Nehmen Sie hierfür einfach ganz normale Steine.
- Mindestens 24 Stunden trocknen lassen. Nicht in die Sonne stellen.
- Gewichte abnehmen, Formen lösen und Deckchen abziehen.
- Fertig ist die Schale!

Die Form gut mit Speiseöl einpinseln.

Aus Häkeldeckchen ein Muster auf die Platte legen.

„Aus bereits Vorhandenem etwas ganz Neues und Eigenes entstehen zu lassen – so macht kreatives Werkeln doch eigentlich am meisten Spaß. Es spart Geld und schont die Umwelt – was will man mehr?"

Beton auf Platte und Deckchen geben. Gleichmäßig verstreichen, sodass eine ca. 1–2 cm dicke Betonschicht die Form komplett bedeckt.

Die zweite Platte auflegen. So wird die Schale innen und außen schön glatt.

Die Form mit Gewichten fixieren. Ganz normale Steine eignen sich dafür bestens.

Handskulptur

Es muss ja nicht immer alles praktisch sein – ein witziger Blickfang ist diese Skulptur aus einem Plastikhandschuh allemal. Und auch für Kinder superleicht gemacht.

- Den Beton gemäß der Anleitung auf Seite 12 anmischen.
- Den fertigen Beton in den Handschuh füllen.
- Den Handschuh aufhängen und mindestens 24 Stunden trocknen lassen. Nicht in die Sonne hängen.
- Den Handschuh vorsichtig von der Betonhand abziehen.

Einen normalen Plastikhandschuh großzügig mit Beton füllen und zum Trocknen aufhängen.

Betonskulptur der etwas anderen Art.

Knabberschälchen

Mit etwas Phantasie lassen sich überall die tollsten Formen entdecken. Hier wurde der umgedrehte Halter einer (selbstverständlich neu gekauften) WC-Bürste zu einem praktischen kleinen Knabberschälchen.

- Den Bürstenhalter auf den Kopf stellen und von innen mit Speiseöl einpinseln.
- Den Beton gemäß der Anleitung auf Seite 12 anmischen.
- Den Beton in die Form füllen.
- Mehrmals vorsichtig auf den Boden klopfen, um den Beton zu verdichten.
- Das Schälchen mindestens 24 Stunden trocknen lassen. Nicht in die Sonne stellen.
- Den Beton während des Trocknens am besten ab und zu mit Wasser besprengen.
- Das Schälchen durch vorsichtiges Hin- und Herbiegen aus der Form lösen.
- Und zu guter Letzt mit süßen Leckereien befüllen.

Als Form dient der neue Halter einer WC-Bürste.

Von innen mit Speiseöl einpinseln.

Mit der gefüllten Form mehrmals leicht auf den Boden klopfen, um den Beton zu verdichten.

Süßes Schälchen für kleine Köstlichkeiten – greifen Sie zu!

Kerzen-Arrangement

Kerzen schenken Behaglichkeit. Und wirken am schönsten, wenn sie mit anderen um die Wette leuchten. So wie in diesem Kerzenhalter mit Platz für viele kleine Teelichte. Als Gussform nahmen wir eine Pflanzenverpackung aus Plastik, wie man sie z. B. in Gartenmärkten findet. Wie gesagt – auf der Suche nach potenziellen Formen ist die Phantasie der beste Ratgeber!

- Die Form von innen mit Speiseöl einpinseln.
- Den Beton gemäß der Anleitung auf Seite 12 anmischen.
- Die Form nicht ganz bis zum Rand mit Beton füllen, damit Platz für die Teelichte bleibt.
- Gewünschte Anzahl Teelichte in den feuchten Beton drücken.
- Mehrmals vorsichtig mit der Form auf den Boden klopfen, um den Beton zu verdichten.
- Mindestens 24 Stunden trocknen lassen. Nicht in die Sonne stellen.
- Den Beton während des Trocknens am besten ab und zu mit Wasser besprengen.
- Die Teelichthalter vorsichtig aus der Form lösen.
- Kerzen anzünden und das schöne Licht genießen!

„Am ehesten finden Sie originelle und günstige Gussformen für Beton-Projekte auf Flohmärkten. Gehen Sie mit offenen Augen durch die Welt – kann ich das da vielleicht auf den Kopf stellen und mit Beton füllen?"

Eine Plastikverpackung aus dem Gartenmarkt diente als Gussform für ein romantisches Kerzen-Arrangement.

Lassen Sie beim Einfüllen des Betons Platz für die Teelichte.

Drücken Sie die gewünschte Anzahl Teelichte in den feuchten Beton.

Selbst gemacht gleich doppelt so schön: Phantasievoller Kerzenhalter.

RAFFINIERTER *Sonnenschirmfuß*

Beton ist schwer – und damit genau das Richtige für einen Sonnenschirmfuß. Und einen selbst gegossenen können Sie ganz nach Wunsch gestalten.

- Mit der Form aus Spanplatten beginnen: Einen Boden und vier Seitenwände zusägen. Unsere Form ist quadratisch.
- Mit Nägeln zur Kiste zusammenbauen.
- Für die Zierkante eine Profilleiste aus Holz zusägen und in der gewünschten Höhe von innen festnageln.
- Ein Stück Seil so zuschneiden und zusammenknoten, dass die beiden Schlaufen aus dem Beton herausragen. Das Seil in die Kiste legen. Die Schlaufen bilden später zwei Griffe.
- Den Beton gemäß der Anleitung auf Seite 12 anmischen.
- Die Kiste bis zum Rand der Zierleiste mit Beton füllen und die Oberfläche glätten.
- In der Mitte ein Kunststoffrohr in den Beton stecken, z. B. wie hier ein Abflussrohr. In das Rohr stecken Sie später den Sonnenschirm.
- Auf die richtige Lage der Seilschlaufen achten.
- Mit schönen Steinen dekorieren.
- Mindestens 24 Stunden trocknen lassen. Nicht in die Sonne stellen.
- Für ein besonders schönes Ergebnis den Beton während des Trocknens ab und zu mit Wasser besprengen.
- Die Form vom Sonnenschirmfuß lösen.

Aus den Spanplatten eine Kiste zusammennageln.

Eine Zierleiste festnageln. Dann ein zusammengeknotetes Seil so in die Form legen, dass die zwei Schlaufen herausragen. Diese dienen später als Griffe. Bis zur Zierleiste mit Beton auffüllen.

Ein Kunststoffrohr (z. B. Abflussrohr) in den feuchten Beton stecken.

Jetzt noch ein paar schöne Steine hineindrücken und trocknen lassen.

Der schwere Fuß gibt dem Sonnenschirm stabilen Halt.

Flache Schale EDEL VERZIERT

Schöne Schalen aus Beton sorgen drinnen und draußen für ein tolles Ambiente. Die Verzierungen entstanden mit einem Topflappen und einer Deckenrosette aus Styropor.

- Für die erste Schale brauchen Sie zwei unterschiedlich große Tarte-Formen und einen gehäkelten Topflappen.
- Den Topflappen von beiden Seiten mit Speiseöl einpinseln.
- Die kleinere Form umdrehen, die Unterseite einölen und den eingeölten Topflappen darauf legen.
- Die größere Form von innen einölen.
- Den Beton gemäß der Anleitung auf Seite 12 anmischen.
- Form und Topflappen vollständig mit Beton bedecken und die größere Form auflegen. So werden Außen- und Innenfläche der Schale schön glatt. Leicht andrücken und die Kanten glätten.
- Mit einem Gewicht fixieren.
- Mindestens 24 Stunden trocknen lassen. Nicht in die Sonne stellen.
- Das Gewicht herunternehmen und die Schale aus den Formen lösen.
- Für die zweite Schale brauchen Sie nur eine Deckenrosette aus Styropor (erhältlich in gut sortierten Baumärkten). Zuerst die Rosette einölen.
- Den Beton so auf der Rosette verteilen, dass diese vollständig bedeckt ist. Oberfläche und Kanten glätten.
- Den Beton während des Trocknens ab und zu mit Wasser besprengen.
- Die Schale vom Styropor lösen.
- Fertig!

Zwei, die sich sehen lassen können.

Zweierlei Schalen. Die Fotos links zeigen, wie es mit zwei Tarte-Formen und einem Topflappen geht.

Deutlich ausgeprägtes Relief der Deckenrosette.

Styroporrosetten finden Sie in gut sortierten Baumärkten. Die Oberseite mit Speiseöl einpinseln.

Beton auf die Rosette geben und diese damit vollständig bedecken. Oberfläche und Kanten glätten.

Vogeltränke MIT BLATTWERK AUS BETON

Ob im Garten, auf der Terrasse oder auf dem Balkon – an einer schönen Vogeltränke können sich Mensch und Tier überall erfreuen. Das hier gezeigte Modell verzierten wir mit kleinen Blättern aus Beton.

DIE BLÄTTER wie das Rhabarberblatt auf S. 14 herstellen. Nehmen Sie kleine, schöne Blätter mit ausgeprägter Aderung. In zwei Schritten arbeiten: Zuerst die Blätter formen und trocknen lassen, danach die eigentliche Vogeltränke gießen.

DIE VOGELTRÄNKE gossen wir mithilfe einer großen und einer kleinen Plastikschüssel.

- Die große Schüssel von innen und die kleine von außen einölen.
- Den Beton gemäß der Anleitung auf Seite 12 anmischen.
- Den Beton nicht ganz bis zum Rand in die große Schüssel füllen, sodass die kleine Schüssel noch Platz hat.
- Die kleine Schüssel in den feuchten Beton drücken.
- Mehrmals vorsichtig mit der Form auf den Boden klopfen, um den Beton zu verdichten.
- Die kleine Schüssel mit ein paar Steinen beschweren.
- Die fertigen Betonblätter auflegen.
- Die Vogeltränke mindestens 24 Stunden trocknen lassen. Nicht in die Sonne stellen.
- Den Beton dabei am besten ab und zu mit Wasser besprengen.
- Die Steine herausnehmen und beide Formen vom Beton lösen.
- Wasser und vielleicht ein paar Blüten in die Schale geben.
- Ob mit oder ohne Piepmätze: Ein schöner Blickfang ist die Tränke auf jeden Fall.

Die kleine Schale wird in den Beton gedrückt und formt eine Aushöhlung. Wenn die Blätter aufgelegt sind, muss die Tränke mindestens 24 Stunden trocknen.

Dekorativ und einladend:
Schmuckstück für den Garten.

Blumentopf MIT KRINGELN

Blumentöpfe können Sie in allen Größen und Formen gießen – hier sind Ihrer Phantasie wahrlich keine Grenzen gesetzt. Dieser Topf erhielt sein Muster von einem Stück Gummiboden.

- Die Gussform: Ein Plastikeimer und ein großer Joghurtbecher (fragen Sie ruhig im Restaurant nach leeren Verpackungen).
- Für das Muster kleideten wir die Innenwand des Eimers mit einem Stück Gummiboden aus. Lassen Sie diesen Schritt einfach weg, wenn Ihnen eine glatte Fläche besser gefällt.
- Eimer- und Gummiboden sowie Außenwand des Joghurtbechers einölen.
- Den Beton gemäß der Anleitung auf Seite 12 anmischen.
- Den Beton in den Eimer füllen, aber Platz für den Innenbecher lassen.
- Den Plastikbecher in den Beton drücken.
- Mehrmals vorsichtig mit dem Eimer auf den Boden klopfen, um den Beton zu verdichten.
- Den Becher mit Gewichten beschweren.
- Den Blumentopf mindestens 24 Stunden trocknen lassen. Nicht in die Sonne stellen.
- Den Beton während des Trocknens am besten ab und zu mit Wasser besprengen.
- Gewichte herausnehmen und den Blumentopf von den Formen befreien.
- Eine Blume hineinsetzen und die Früchte Ihrer Arbeit genießen.

Das brauchen Sie für einen Blumentopf der etwas anderen Art: Einen Eimer, ein Stück Bodenbelag und einen leeren Joghurtbecher.

Ist er nicht schön geworden, unser Blumentopf mit Kringeln?

Buchstütze MAL ANDERS

Ein weiteres Beispiel dafür, dass alte Verpackungen die tollsten Gussformen ergeben: Diese originelle Buchstütze entstand aus einer leeren Waschmittelflasche.

- Den Deckel der Flasche abschrauben und ein Loch hineinschneiden.
- Den Beton gemäß der Anleitung auf Seite 12 anmischen.
- Die Flasche bis zum Rand mit Beton füllen.
- Den Deckel wieder aufschrauben und ebenfalls bis zum Rand füllen.
- Zum Verdichten mit der Form mehrmals vorsichtig auf den Boden klopfen.
- Mindestens 24 Stunden trocknen lassen. Nicht in die Sonne stellen.
- Zum Lösen der Buchstütze den Deckel abschrauben und die Flasche aufschneiden.

Die Flasche bis zum Rand mit Beton füllen.

Bei aufgeschraubtem Deckel mit Loch können Sie auch diesen mit Beton füllen.

Lustiges Wohn-Accessoire:
Stabile Buchstütze aus Beton.

Beetplatte IN BLÜTENFORM

Eine Kunststoffform vom Flohmarkt inspirierte uns zu dieser unvergänglichen Blüte aus Beton. Das ursprünglich als Wand-Deko eingesetzte Teil würde eine perfekte Gussform abgeben – das sahen wir auf den ersten Blick.

- Die Form von innen mit Speiseöl einpinseln.
- Den Beton gemäß der Anleitung auf Seite 12 anmischen.
- Den Beton in die Form füllen.
- Die Oberfläche glatt streichen.
- Mehrmals vorsichtig mit der Form auf den Boden klopfen, um den Beton zu verdichten.
- Die Platte mindestens 24 Stunden trocknen lassen. Nicht in die Sonne stellen.
- Den Beton während des Trocknens am besten ab und zu mit Wasser besprengen.
- Danach die Platte vorsichtig aus der Form lösen.
- Die Blüte an einer schönen Stelle in den Garten setzen.

Den Beton in die Form füllen.

Die Oberfläche glatt streichen.

Unvergängliche Blüte aus Beton: Schönes Detail im Beet oder wo immer es Ihnen gefällt.

Betonbank MIT ZIERKANTE

Eine Bank aus Beton ist ein überaus vielseitiges Gartenmöbel: Gönnen Sie sich ein Päuschen und genießen Sie den Blick ins Grüne, oder inszenieren Sie die Bank als edles Podest für Ihre schönsten Topfpflanzen. Die Gussform bauten wir aus Sperrholz und Zierleisten aus Styropor. Nach dem Trocknen fand die Bankplatte auf einem Stapel Ziegelsteine Platz.

- Für die Form brauchen Sie eine Spanplatte und Leisten (Baumarkt).
- Leisten zuschneiden und zusammenschrauben.
- Leisten an der Spanplatte festschrauben.
- Geflügelnetz passend zur Form zuschneiden.
- An den Längsseiten die Styroporleisten hineinlegen.
- Den Beton gemäß der Anleitung auf Seite 12 anmischen.
- Den Beton in die Form füllen.
- Das Geflügelnetz in den Beton drücken.
- Mehrmals vorsichtig mit der Form auf den Boden klopfen, um den Beton zu verdichten.
- Die Platte mindestens 24 Stunden trocknen lassen. Nicht in die Sonne stellen.
- Den Beton während des Trocknens am besten ab und zu mit Wasser besprengen.
- Danach die Platte vorsichtig aus der Form lösen.
- Auf zwei Ziegelsteinstapel legen – fertig ist Ihre Bank!

Die Form besteht aus einer Spanplatte und einfachen Leisten. Leisten zuschneiden, zusammen- und dann an der Spanplatte festschrauben. Geflügelnetz zuschneiden und Styroporleisten an die Längswände legen.

Nehmen Sie Platz!
Die jetzt auf zwei Ziegelsteinstapeln ruhende Bank lädt zum Verweilen ein.

Dieses tolle Muster ist der Abdruck einer Zierleiste aus Styropor.

Reliefplatte

Mit einer Plastikwanne und einer Fußmatte aus Gummi können Sie edel gemusterte Platten gießen, die als Stufen oder einfach so für ein tolles Ambiente sorgen. Für ausreichende Stabilität sorgt die Verstärkung mit Geflügelnetz.

- Das Innere der Plastikwanne und die ganze Matte mit Speiseöl einpinseln.
- Die Matte in die Wanne legen. Solche Matten finden Sie in Baumärkten oder Einrichtungshäusern.
- Das Geflügelnetz passend zuschneiden.
- Den Beton gemäß der Anleitung auf Seite 12 anmischen.
- Den Beton so in die Wanne füllen, dass die Matte vollständig bedeckt ist (ca. 5 cm hoch).
- Das Geflügelnetz in den Beton drücken und die Oberfläche glätten.
- Mit der Form mehrmals vorsichtig auf den Boden klopfen, um den Beton zu verdichten.
- Die Platte mindestens 24 Stunden trocknen lassen. Nicht in die Sonne stellen.
- Den Beton während des Trocknens am besten ab und zu mit Wasser besprengen.
- Platte und Matte aus der Wanne lösen, dann vorsichtig die Matte vom Beton abziehen.
- Das Ergebnis ist eine wunderschöne Reliefplatte – selbst gemacht.

„Beton ist lange haltbar – haben Sie also am besten immer einen Sack in Reserve. Achten Sie auf eine trockene Lagerung: Anderenfalls nimmt der Beton Feuchtigkeit auf und verklumpt."

Eine weiße Plastikwanne von Ikea passte ideal zu unserer Matte.

Die Matte in der Wanne vollständig mit Beton bedecken (ca. 5 cm hoch).

Die Oberfläche sorgfältig glätten: Sie bildet später die Unterseite der fertigen Platte.

*Fertige Platten,
hier als kleine Stufen
verlegt.*

*Die Fußmatte verlieh der Platte
ihr wunderschönes Muster.*

Vogeltränke MIT DREI BECKEN

Vogeltränken erfreuen Mensch und Tier. Diese Version verdankt ihre schöne und ungewöhnliche Form einer dreigeteilten Plastikschüssel.

- Als Form nahmen wir eine große und eine kleine dreigeteilte Plastikschüssel.
- Die große Schüssel von innen und die kleine von außen einölen.
- Den Beton gemäß der Anleitung auf Seite 12 anmischen.
- Den Beton nicht ganz bis zum Rand in die große Schüssel füllen, sodass die kleine noch Platz hat.
- Die kleine Schüssel in den feuchten Beton drücken.
- Mehrmals vorsichtig mit der Form auf den Boden klopfen, um den Beton zu verdichten.
- Die kleine Schüssel mit ein paar Steinen beschweren.
- Die Vogeltränke mindestens 24 Stunden trocknen lassen. Nicht in die Sonne stellen.
- Während des Trocknens ab und zu mit Wasser besprengen.
- Die Steine herausnehmen und die Formen vom Beton lösen.
- Wasser und vielleicht ein paar Blüten in die Tränke geben.
- In den Garten stellen und auf Badegäste warten.

Eine große und eine kleinere Plastikschüssel dienten als Formen für die Vogeltränke.

Die große Schüssel von innen und die kleine von außen mit Speiseöl einpinseln.

Die große Schüssel mit Beton füllen, die kleine hineindrücken.

Mit ein paar großen Steinen beschweren. Mindestens 24 Stunden trocknen lassen.

Gartenidylle für Mensch und Tier: Vogeltränke in originellem Design.

Untersetzer IM SPITZENGEWAND

Ein solcher Topfuntersetzer ist superleicht gemacht und noch dazu überaus praktisch: Beton eignet sich nämlich hervorragend als Hitzeschutz. Sein hübsches Muster hat der Untersetzer von einem Häkeldeckchen.

- Als Form eignet sich ein großer runder Behälter mit ebenem Boden (z. B Joghurteimer). Viereckige Untersetzer lassen sich gut in großen Eispackungen gießen.
- Die Form von innen mit Speiseöl einpinseln.
- Ein gehäkeltes Spitzendeckchen auf den Boden legen und ebenfalls einölen.
- Den Beton gemäß der Anleitung auf Seite 12 anmischen.
- Den Beton ca. 3 cm hoch in die Form füllen.
- Mehrmals vorsichtig mit der Form auf den Boden klopfen, um den Beton zu verdichten.
- Den Untersetzer mindestens 24 Stunden trocknen lassen. Nicht in die Sonne stellen.
- Den Beton während des Trocknens am besten ab und zu mit Wasser besprengen.
- Den Untersetzer aus der Form lösen.
- Möbelgleiter auf die Unterseite kleben, damit der Tisch nicht verkratzt.

Hübscher Untersetzer für Kaffeekanne & Co.

Kommodenplatte MIT FLIESENEINLAGE

Auf dem Flohmarkt erstanden wir für kleines Geld eine einfache Kommode – die durch eine Betonplatte mit eingegossenen Fliesen zu einem absoluten Blickfang wurde. Die Gussform ist selbst gebaut, die Platte mit Geflügelnetz verstärkt.

- Für die Form brauchen Sie eine Spanplatte und einfache Leisten (Baumarkt). Leisten auf Wunschmaß zuschneiden und zusammenschrauben.
- Die Leisten an der Spanplatte festschrauben.
- Das Geflügelnetz passend zur Form zuschneiden.
- Den Beton gemäß der Anleitung auf Seite 12 anmischen.
- Die Fliesen mit der Unterseite nach oben in die Form legen.
- Den Beton in die Form füllen.
- Das Geflügelnetz in den Beton drücken.
- Mehrmals vorsichtig mit der Form auf den Boden klopfen, um den Beton zu verdichten.
- Die Platte mindestens 24 Stunden trocknen lassen. Nicht in die Sonne stellen.
- Den Beton dabei am besten ab und zu mit Wasser besprengen.
- Danach die Platte vorsichtig aus der Form lösen.
- Die Platte auf die Kommode legen. Eigentlich ist die Platte so schwer, dass sie nicht zusätzlich befestigt werden muss.

Das gewisse Etwas: Schöne Fliesen im Betonbett.

„Mit der neuen Platte wurde das unscheinbare Möbel zum auffälligen Einzelstück, das einen Ehrenplatz verdient."

Die Leisten sind an die Spanplatte geschraubt, die Fliesen liegen an Ort und Stelle.

Gelungene Verbindung: Leuchtend grüne Fliesen auf bodenständigem Betongrau. Ganze oder Bruchfliesen bekommen Sie im Fachhandel.

Alte Kommode im neuen Look – und mit größerer Stellfläche.

Lustige Lichtspender

Leere Verpackungen sind nur zum Wegwerfen oft viel zu schade. Das gilt auch für PET-Flaschen, die mit ihrem schön geformten Boden tolle Kerzenständer ergeben.

- Die Flasche auf ca. 10 cm Höhe durchschneiden und das Bodenteil als Form nehmen.
- Die Form von innen mit Speiseöl einpinseln.
- Den Beton gemäß der Anleitung auf Seite 12 anmischen.
- Das Bodenteil fast bis zum Rand mit Beton füllen.
- Mehrmals mit der Form vorsichtig auf den Boden klopfen, um den Beton zu verdichten.
- Eine Kerze gerade in den Beton stecken.
- Mindestens 24 Stunden trocknen lassen. Nicht in die Sonne stellen.
- Den Beton während des Trocknens am besten ab und zu mit Wasser besprengen.
- Den Kerzenständer aus der Form lösen; ggf. müssen Sie die Flasche dafür aufschneiden.
- Mehrere Kerzenständer gruppieren und die Kerzen anzünden.

Kreatives Recycling: Aus PET-Flaschen lassen sich lustige Kerzenständer gießen.

Schneiden Sie die Flasche etwa 10 cm über dem Boden quer durch. Das Bodenteil dient als Gussform.

Das Bodenteil fast bis zum Rand mit Beton füllen und eine Kerze hineinstellen.

Schönes Kerzen-Trio für die Fensterbank. Als Formen dienten uns normale PET-Flaschen.

Spieglein, Spieglein ...

Für diesen Spiegelrahmen bauen Sie zunächst eine Form aus Leisten und einer Spanplatte, die Sie dann mit Beton füllen. Ein schönes Muster bekommt Ihr Werk durch eine in die Form gelegte Pappschablone. Damit der Rahmen hält, sollte er unbedingt mit Geflügelnetz verstärkt werden. Und noch eine Empfehlung: Der fertig gerahmte Spiegel ist so schwer, dass er besser aufgestellt als aufgehängt wird.

- Für die Form brauchen Sie eine Spanplatte und Leisten (Baumarkt).
- Die Leisten zuschneiden und zu einem großen und einem kleinen Viereck zusammenschrauben. Der Größenunterschied ergibt die Breite des Rahmens.
- Sorgfältig messen und die Leisten auf die Spanplatte schrauben.
- Die Pappschablone (z. B von Panduro) auf die Spanplatte kleben.
- Geflügelnetz passend zum Rahmen zuschneiden.
- Den Beton gemäß der Anleitung auf Seite 12 anmischen.
- Den Bereich zwischen den beiden Vierecken mit Beton füllen.
- Das Geflügelnetz in den Beton drücken.
- Mehrmals vorsichtig mit der Form auf den Boden klopfen, um den Beton zu verdichten.
- Auf Wunsch Haken zum Aufhängen eingießen.
- Den Rahmen mindestens 24 Stunden trocknen lassen. Nicht in die Sonne stellen.
- Den Beton während des Trocknens am besten ab und zu mit Wasser besprengen.
- Danach den Rahmen vorsichtig aus der Form lösen.
- Die Pappschablone abziehen.
- Mit einem 1-Komponenten-Kleber für Glas und Beton den Spiegel von der Rückseite anleimen.

Zuerst die Leisten zu zwei unterschiedlich großen Vierecken zusammenschrauben und an die Spanplatte schrauben. Dann den Beton nur in den Außenrahmen füllen – das Viereck in der Mitte bleibt frei.

Eine in die Form geklebte Pappschablone hinterlässt ein schönes Muster auf dem Rahmen.

Hier lehnt unser frisch gerahmter Spiegel an der Wand des Gewächshauses.

Blumentopf IN FACETTEN VON SCHWARZ

Ihnen steht der Sinn nach Abwechslung? Streichen Sie Ihre Objekte ruhig in einer anderen Farbe. Bevor Sie zum Pinsel greifen, muss der Beton vollständig getrocknet sein. Sie können verschiedene Farben benutzen, z. B eine Spezialfarbe für Betonböden. Lassen Sie sich am besten im Fachhandel beraten. Wasserlösliche Produkte werden vom Beton aufgesaugt und wirken wie eine Lasierung, Lackfarben haben eine stärker deckende Wirkung. Unser Übertopf hat einen Anstrich aus schwarzer Lackbeize bekommen: Das Ergebnis ist ein nuancenreiches Grauschwarz.

- Als Gussform brauchen Sie einen großen und einen kleineren Plastikeimer.
- Den großen Eimer von innen und den kleinen von außen einölen.
- Den Beton gemäß der Anleitung auf Seite 12 anmischen.
- Den großen Eimer nicht ganz bis zum Rand mit Beton füllen, damit noch Platz für den kleinen ist.
- Den kleinen Eimer in den Beton drücken.
- Mehrmals vorsichtig mit der Form auf den Boden klopfen, um den Beton zu verdichten.
- Den kleinen Eimer mit einigen Steinen beschweren.
- Mindestens 24 Stunden trocknen lassen. Nicht in die Sonne stellen.
- Den Beton dabei am besten ab und zu mit Wasser besprengen.
- Die Steine herausnehmen und die Formen vom Beton lösen.
- Den Übertopf mit einem oder mehreren Anstrichen versehen.

Einmal mit schwarzer Lackbeize gestrichen – und schon hat der Beton eine ganz andere Wirkung.

Fertiger Übertopf in nuancenreichem Grauschwarz.

In Beton gegossene
Schönheit der Form.

Einfach schön

Hier führte die Phantasie Regie: Wir probierten ein wenig herum und füllten ein in Styropor geschnittenes Ornament mit Beton. Heraus kam eine Skulptur, deren fließende Formen in starren Beton gegossen sind – das fanden wir einfach schön.

- Sie brauchen eine ca. 10 cm dicke Styropor- und eine normale Spanplatte. Beides bekommen Sie im Baumarkt.
- Das gewünschte Muster auf der Styroporplatte vorzeichnen.
- Das Muster mit einem Bastel-Skalpell oder Messer ausschneiden.
- Das Styropor auf die Spanplatte schrauben.
- Den Beton gemäß der Anleitung auf Seite 12 anmischen.
- Den Beton in den Musterausschnitt füllen.
- Mindestens 24 Stunden trocknen lassen. Nicht in die Sonne stellen.
- Den Beton während des Trocknens am besten ab und zu mit Wasser besprengen.
- Das Beton-Ornament von der Spanplatte und vom Styropor lösen.
- Sie halten eine Skulptur in den Händen, die ein schönes Plätzchen im Garten noch schöner macht.

„Manchmal treffen wir uns mit Freunden zum Beton-Happening. Jeder bringt etwas mit – eine tolle Idee, eine witzige Form... Dann essen wir zusammen, quatschen, werkeln mit unseren Projekten und haben es so richtig nett."

Zeichnen Sie Ihr Wunsch-Ornament auf das Styropor.

Das Styropor mit dem ausgeschnittenen Ornament liegt auf der Spanplatte, die als Boden der Form dient.

Mit Beton gefüllte Ornamentform.

Kerzenständer FÜR DAS GANZE JAHR

Für diesen Kerzenständer bauten wir eine Form aus Brettern und einer Spanplatte. Styroporleisten sorgen für schöne Zierkanten, vier umgedrehte Kerzenhalter für passende Aussparungen. Ob mit Blumen oder Tannenzweigen – dieser Tischschmuck passt in jede Jahreszeit.

- Bretter und Spanplatte auf die gewünschte Größe zuschneiden.
- Aus den Teilen eine kleine Kiste zusammenschrauben.
- An beiden Längskanten je eine Zierleiste in die Form legen. Zierleisten aus Styropor finden Sie im Baumarkt.
- Die vier Kerzenhalter (z. B von Panduro) umgedreht auf den Boden der Form kleben.
- Den Beton gemäß der Anleitung auf Seite 12 anmischen.
- Den Beton in die Form füllen.
- Mehrmals vorsichtig mit der Form auf den Boden klopfen, um den Beton zu verdichten.
- Mindestens 24 Stunden trocknen lassen. Nicht in die Sonne stellen.
- Den Kerzenständer vorsichtig aus der Form lösen.
- Von unten ein paar Möbelgleiter aufkleben, damit der Beton keine Kratzer hinterlässt.
- Mit Blumen, Tannenzweigen oder anderer Deko schmücken.

Die fertige Form vor dem Gießen.

Passend zum sommerlich gedeckten Tisch mit Blumen geschmückt.

Das schöne Muster ist der Abdruck einer Zierleiste aus Styropor (erhältlich im Baumarkt).

Damit es keine Kratzer gibt, kleben Sie am besten ein paar Möbelgleiter auf die Unterseite.

„In nur einer Stunde können Sie die schönsten Geschenke zaubern. Da ist es praktisch, wenn Sie immer etwas Trockenbeton zuhause haben."

Und genauso schön mit Tannenzweigen im Advent.

Engelsfigur

Auch in ganz anderen Hobbybereichen finden Sie eine enorme Formenvielfalt zum Gießen von Beton: Diesen kleinen Engel, der Tischdecken oder Servietten dekorativ an Ort und Stelle hält, gossen wir zum Beispiel in einer Seifengießform.

- Die Form (z. B. von Panduro) von innen mit Speiseöl einpinseln.
- Den Beton gemäß der Anleitung auf Seite 12 anmischen.
- Den Beton in die Form füllen.
- Mit der Form vorsichtig auf den Boden klopfen, um den Beton zu verdichten.
- Den Engel mindestens 24 Stunden trocknen lassen. Nicht in die Sonne stellen.
- Den Beton dabei am besten ab und zu mit Wasser besprengen.
- Den Engel vorsichtig aus der Form lösen.

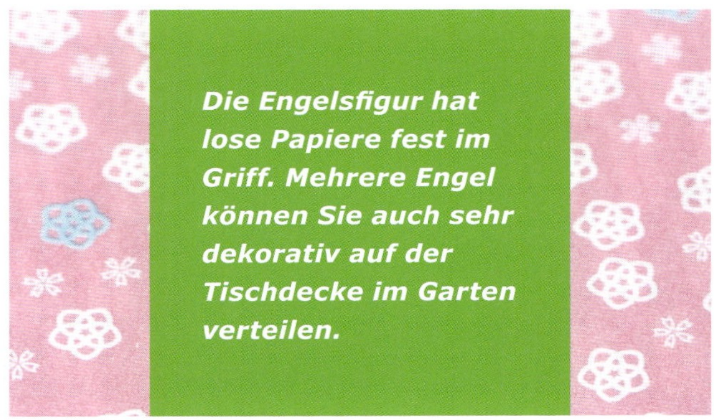

Die Engelsfigur hat lose Papiere fest im Griff. Mehrere Engel können Sie auch sehr dekorativ auf der Tischdecke im Garten verteilen.

Trittstufe

Eine Trittstufe aus Beton – das war die Lösung für den Einstieg zum Gewächshaus. So eine Stufe ist leicht selbst gemacht und kann ganz nach Wunsch verziert werden.

- Den Boden unter der Trittstufe etwas aufgraben und einebnen.
- Drei Bretter zu einem Rahmen zusammenschrauben (vier, wenn die Stufe nicht direkt an eine Wand anschließt).
- Den Rahmen am Standort der späteren Stufe aufstellen.
- Mit Steinen oder Kies auffüllen, damit weniger Beton benötigt wird.
- Geflügelnetz passend zum Rahmen zuschneiden.
- Den Beton gemäß der Anleitung auf Seite 12 anmischen.
- Beton in den Rahmen füllen und die Oberfläche mit einem Spachtel o. ä. glätten.
- Das Geflügelnetz in den Beton drücken und ggf. mit Beton auffüllen.
- Wenn Sie mögen, zur Verzierung Steine in den Beton drücken.
- Die Stufe mindestens 48 Stunden trocknen lassen. Möglichst nicht in der Sonne, bei Bedarf abschatten.
- Den Beton während des Trocknens am besten ab und zu mit Wasser besprengen.
- Den Rahmen entfernen – fertig ist die Stufe.

Bei einem ebenen Untergrund legen Sie den Rahmen aus drei Brettern einfach auf den Boden.

Wenn Sie den Rahmen mit Kies auffüllen, brauchen Sie weniger Beton.

Der Beton ist eingefüllt und verziert – jetzt heißt es trocknen.

Die fertige Stufe, zweckmäßig und einladend.

Grilltisch DER EXTRAKLASSE

Sommerzeit ist Grillzeit. Ein vernünftiger Grill mit großer Arbeitsfläche macht das Brutzeln im Freien zum reinsten Vergnügen. Für einen soliden Grilltisch wird aus einer Spanplatte und Leisten eine Gussform gebaut, der Grill in den Beton eingegossen und die fertige Platte mit integriertem Grill auf einen passenden Unterbau gelegt. In unserem Fall war dies ein altes Tischgestell, das wir vor dem Sperrmüll gerettet hatten.

- Für die Form brauchen Sie eine Spanplatte und Leisten (Baumarkt). Unser Grill ist ein einfacher Kugelgrill mit Deckel, aber ohne die zugehörigen Beine.
- Leisten zuschneiden und in der gewünschten Form zusammenschrauben.
- Den Grill an der gewünschten Stelle umgedreht und ohne Deckel auf die Spanplatte legen.
- Geflügelnetz passend zur Form mit dem aufgelegten Grill zuschneiden.
- Die Leisten an der Spanplatte festschrauben.
- Als Trennmittel einen Strang Silikon auf die obere Kante des Grills auftragen und den Grill mit ein paar großen Steinen an Ort und Stelle halten.
- Den Beton gemäß der Anleitung auf Seite 12 anmischen.
- Den Beton in die Form füllen.
- Das Geflügelnetz in den Beton drücken.
- Mehrmals sehr vorsichtig mit der Form auf den Boden klopfen, um den Beton zu verdichten.
- Das Ganze mindestens 24 Stunden trocknen lassen. Nicht in die Sonne stellen.
- Den Beton während des Trocknens am besten ab und zu mit Wasser besprengen.
- Danach die Platte vorsichtig aus der Form lösen.
- Die Platte auf ein Gestell legen. Sie ist so schwer, dass sie eigentlich nicht zusätzlich befestigt werden muss. Rost und Deckel auf den Grill legen.

Für dieses Gestell fertigten wir zwei Betonplatten an, eine davon mit eingegossenem Grill.

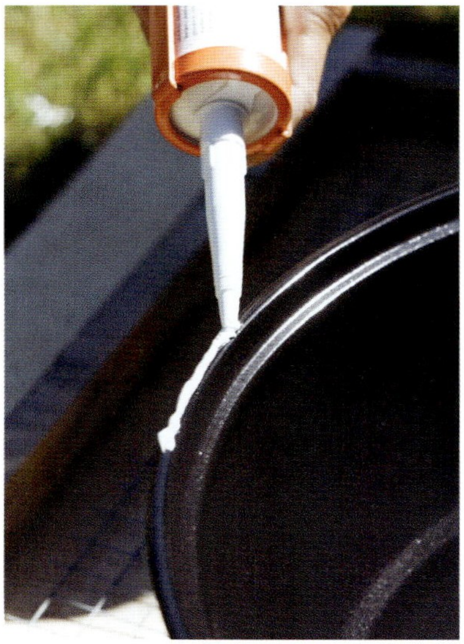

Auf der Spanplatte die Stelle für den Grill festlegen. Einen Silikonstrang auf den Rand des Grills auftragen und den Grill

umgedreht auf die Spanplatte legen. Die Leisten an die Spanplatte schrauben – fertig ist die Form.

Den Beton einfüllen und das Geflügelnetz hineindrücken. Den Grill mit ein paar großen Steinen fixieren.

Die Oberfläche sorgfältig glätten.

Jetzt muss der Beton mindestens 24 Stunden trocknen.

In den Beton eingegossener Grill, umgeben von einer großzügigen Arbeitsfläche

Der Grilltisch steht einsatzbereit im Garten: Fertig zum Angrillen!

Zu guter Letzt noch schwarz gebeizt schafft dieser praktische Helfer ein richtig edles Gartenambiente.

Beton behandeln

Je nach Behandlung kann Beton sehr unterschiedliche Wirkungen entfalten. Experimentieren Sie ruhig ein bisschen herum. Das macht Spaß und führt manchmal zu spannenden Ergebnissen.

Platte mit scharfkantigem Rand.

Mit ganz normalem Schleifpapier wird die Kante schön glatt.

Wenn der Beton nicht allzu dick ist, können Sie mit einer normalen Bohrmaschine problemlos Löcher bohren. So bearbeitet könnte diese Blüte aus Beton zu einem kleinen Brunnen werden.

LACKIEREN Mit Bootslack können Sie Betonflächen auf Hochglanz bringen. Zum Lackieren muss der Beton absolut trocken sein. Anderenfalls können sich Blasen bilden. Lassen Sie das Objekt vor dem Lackieren am besten 2-3 Wochen ruhen.

LÖCHER BOHREN Beton mag nicht der beste Freund der Bohrmaschine sein. Und Regale an Betonwände zu bringen ist sicher eine allseits bekannte Herausforderung. Unsere Projekte dagegen bestehen aus viel dünneren Betonflächen und lassen sich bei Bedarf problemlos mit gebohrten Löchern versehen.

SCHLEIFEN Scharfe Kanten bekommen Sie mit ganz normalem Schleifpapier wunderbar glatt. Typische Kandidaten hierfür sind Tisch- oder Bankplatten, deren Kanten Sie durch Schleifen etwas abrunden können.

WISCHEN Das Wischen mit Steinseife, eigentlich ein Reiniger, imprägniert und schützt den Beton. Gut für Objekte, die im Freien stehen.

WACHSEN Steinwachs und Paraffinöl schützen vor Flecken und lassen den Beton leicht schimmern. Wachs und Öl gründlich einarbeiten.

STREICHEN Viele Farben eignen sich zum Streichen von Beton. Wasserlösliche Produkte werden aufgesaugt und wirken eher durchscheinend, Lackfarben sind stärker deckend.